INTRODUCTION

A LA LECTURE,

MÉTHODIQUE,

Pour y parvenir en très-peu de temps.

Par J.-M. C.

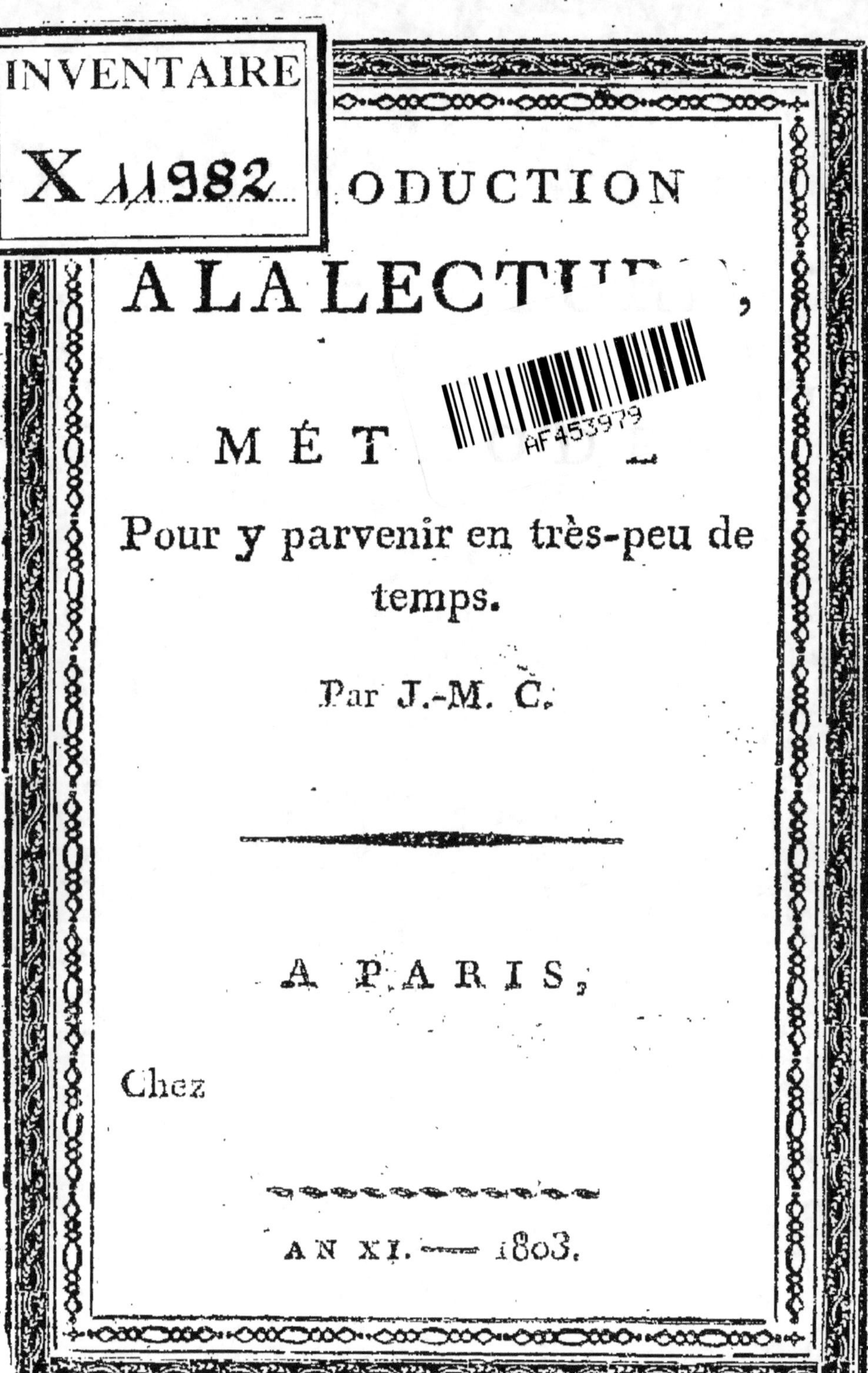

A PARIS,

Chez

AN XI. — 1803.

INTRODUCTION

A LA LECTURE.

AVERTISSEMENT.

DE tous temps les hommes, pour se faire entendre, ont employé des sons frappés par des consonnes. L'occasion de faire connoître leurs idées aux personnes éloignées, ou de les perpétuer, dût se présenter souvent; et comme les sons ne s'étendent guères au-delà du moment et du lieu où ils sont proférés, ils inventèrent des figures, des caractères, et enfin l'alphabet, pour que leurs idées pussent participer à l'étendue et à la durée. Delà nous vint l'écriture, et conséquemment la lecture. Cette science devroit reposer sur une méthode simple et universelle, puisque par-tout il est question de faire entendre ce qui est écrit, et que ce qui est écrit,

est l'image des sons articulés relative-
ment à nos pensées : elle consiste à
combiner les sons avec les articulations
des consonnes.

Qu'il me soit permis d'employer ici
une comparaison analogue au sujet. Si
l'on souffle dans un instrument, on
fait entendre un son, une espèce de
voix : que l'on pose ensuite les doigts
sur les trous de cet instrument, et
qu'on en varie les mouvemens avec
plus ou moins d'art, on produit une
suite de sons, qui donne naissance au
langage musical. De même, faites entendre l'instrument de la voix , remuez
la langue et les lèvres, vous commu-
niquez à ceux qui vous entendent, les
pensées que vous voulez rendre. La
langue et les lèvres sont donc, pour-
ainsi-dire, le doigter de la parole.

Celui qui concevroit ce doigter figuré, et les diverses modifications de la voix, exprimées par les signes de convention dont on se sert dans chaque pays; qui pourroit insérer à l'ouïe de ceux qui l'écoutent, ce qu'on lui présenteroit d'écrit, posséderoit donc, plus ou moins bien, ce que nous appelons l'art de la lecture, suivant son plus ou moins de goût et de capacité.

Cette science a toujours été difficile, parce que les méthodes étoient trop compliquées, trop au-dessus de l'âge où l'on ne sait rien. En effet, comment l'enfant qui n'est pas encore habitué à raisonner, comprendra-t-il les principes renfermés dans notre ancienne appellation, puisque ceux qui raisonnent le mieux, ne peuvent rien y concevoir ?

Essayons une leçon sur quelques

petits mots : *le* , par exemple , qui est bien simple. On dit à un enfant que *elle* , *é* font *le*. Dans *les beaux champs* , on veut qu'il épelle ainsi : *elle é esse* , les ; *bé é a u icce* , beaux ; *cé ache a emme pé esse* , champs , *les beaux champs* ; et le petit martyr répète , par obéissance , *les beaux champs* , sans avoir pu saisir la magie du principe ; car il est inconcevable , dans le fait, que *cé ache* , etc. , produisent à son intelligence le mot *champs,* dont il n'a entendu aucune partie dans la démonstration.

Aussi que de coups reçus! que de larmes répandues par des innocens, précisément dans le temps où tout devoit leur sourire! Combien de génies anéantis par l'appareil épouvantable de l'ancienne méthode!

Renonçons donc à faire des victimes, adoucissons le sort de nos enfans ; et puisqu'il faut qu'ils étudient dans un âge aussi tendre, introduisons-les dans la science qui conduit à toutes les autres, par un sentier riant et agréable, dégagé de tout ce qui peut troubler leur sérénité.

Osons donc établir la simplicité de notre méthode, au hasard de nous attirer de la part de quelques-uns des reproches, qui cependant ne peuvent produire d'autre effet que de prouver l'absurdité de l'ancienne, dont des millions d'individus ont souffert.

Elle consiste à énoncer les consonnes, comme la nature l'indique elle-même dans les syllabes suivantes : *rob*, *sac*, *tact*, où elles se montrent évidemment accompagnées de l'*é* muet, qui ne donne qu'un son foible, peu sensible, et facile à supprimer, quand chaque consonne doit agir sur une voyelle quelconque.

Les sons, dont la dénomination nouvelle ne peut nuire aucunement à l'étude de la grammaire, sont divisés en naturels et imitatifs ; les premiers sont, *a*, *e*, *é*, *è*, *i*, *o*, *u*, *etc.*, placés en tête des tableaux, des exercices et des pages, afin d'y ramener l'élève quand il sera embarrassé. Les sons imitatifs, comme *eu*, *ai*, *ai*, *il*, *au*, *eu*, *etc.*, forment dans ces mêmes tableaux des colonnes corrrespondantes aux sons naturels, dont ils reçoivent leur prononciation.

Quels que composés que soient les sons, on les fera nommer sans avoir égard aux finales, car elles font partie de l'ortographe ; quand l'enfant saura lire , il en apprendra les principes.

Voici la manière dont il épellera le mot *le* ; *le e* , le. Les beaux champs ; *le è* , les , *be o* , beaux , *che an* , champs. Comme l'avantage de cette méthode est de lire les mots tels qu'ils sont, nous ne ferons point d'article à part pour les diphtongues ; car dans *ia* , l'enfant voyant un *i* et un *a* , s'il est bien exercé sur le premier tableau, lira *ia* sans contrainte ; dans *ieu* , *iau* , *iou* , *oin* , etc., il n'aura pas plus de difficulté : ainsi les mots froid , point , soutien , seront épelés *fe re oè* , froid , plutôt que *effe erre o i dé* ; *pe oin* , point , plutôt que *pé o i enne té* , etc. etc. Comment un enfant ne seroit-il pas effrayé à l'aspect des *spa* , *spé* , *spi* , *spo* , *spu* ; *spla* , *splé* , *spli* , *splo* , *splu* ; *stra* , *stré*, *stri*, *stro*, *stru* ; que l'on épeloit *esse pé a*, spa, au lieu de *se pe a*, spa ; *esse pé elle é*, sple, au lieu de *se pe le e*, sple ; *esse té erre i*, stri, au lieu de *se te re i*, stri, *etc. etc.*

Nous ne nous occuperons pas de ces doubles et triples articulations. Quand nous rencontrerons les mots blanc, plan, nous dirons : *be le an*, blanc ; *pe le an*, plan ; ensorte que prononcer lentement, ce sera épeler ; prononcer vîte, ce sera lire. De même, pour le mot *strapontin*, nous dirons : *se te re a* stra, *pe on* pon, strapon, *te in* tin, strapontin, où l'on n'entend rien d'étranger au mot ; au lieu de *esse té erre a* stra, *pé o enne* pon, strapon, *te i enne* tin, strapontin, où tous les sons qui frappent l'oreille, dénaturent ce mot au point de ne le plus reconnoître.

Le tableau des diverses prononcia-tions des consonnes doit être plus que suffisant pour ceux qui enseigneront par cette méthode. Depuis un siècle, environ, les maîtres habiles et de bonne foi, sentent la nécessité d'abandonner la vieille manière d'épeler; mais leur zèle a toujours été retenu, parce qu'ils n'avoient point de livres conformes à la nouvelle, à celle du bon sens.

Par celle-ci, l'enfant le plus sot, le plus bouché, peut lire en moins d'un an, et celui d'une intelligence ordi-naire, lira certainement en moins de six mois; mais l'homme qui n'a pas eu dans sa jeunesse le bonheur de rece-voir ce genre d'instruction, peut, s'il a un peu de conception, et s'il est bien conduit, lire au bout d'un mois. Je laisse aux maîtres à faire les remarques relatives aux diverses articulations, fortes ou foibles, de *c*, *g*; la manière d'adoucir ces lettres devant *a*, *o*, *u*; celle de prononcer le *t*, le *s*, le *d*, etc.

D'après tout ce qui vient d'être exposé, voici la marche à suivre pour l'enseignement.

1°. Connoître les lettres;

2°. Passer au premier tableau;

3°. Faire frapper les consonnes connues sur les sons connus.

Les exercices qui suivent sont arrangés de manière qu'en passant d'un son à l'autre, le son précédent est toujours rappelé. Dans le premier exercice, on ne s'occupe que du son *a*; dans le deuxième, on s'occupe du son *e*, mais l'*a* paroît de temps en temps; dans le troisième, on étudie le son *é*, et l'on retrouve les précédens *a*, *e*; dans le quatrième, l'attention est portée sur *è*, sans oublier *a*, *e*, *é*, ensorte que peu-à-peu, sans contention d'esprit, et surtout sans dégoût, l'on arrive insensiblement aux autres tableaux, dont on prend connoissance, et sur lesquels on s'exerce de la même manière.

Nota. Les quatre tableaux en grand se trouvent chez le citoyen CHEVET, instituteur, rue du Champ de Repos, N°. 110, faubourg Montmartre.

Consonnes simples.

B C D F G
b c d f g

H J K L M
h j k l m

N P Q R S
n p q r s

T V X Z
t v x z

Consonnes composées.

CH GN GU PH

ch gn gu ph

Voyelles.

A E I Y O U

a e i y o u

Prononciation des Consonnes.

Consonnes	qui se prononcent	comme dans
b	be	robe
c	que	ca co cu
	ce	cicéro
	gue	second
d	de	rade
	te	grand i
f	fe	golfe
	ve	neuf ans
g	gue	ga go gu
	ge	rage , gîte
	que	sang humain
h	he	hameau
j	je	je
k	que	turque
l	le	poule
m	me	dame
n	ne	lune
p	pe	tape
q	que	basque

Prononciation des Consonnes.

Consonnes	qui se prononcent	comme dans
r	re	rare
s	se	danse
	ze	bise
t	te	porte
	se	facétie
v	ve	veuve
x	que-se	taxe
	gue-ze	examiner
	se	soixante-dix
	que	excellent
	ze	dix ans
z	ze	douze
ch	che	chiche
	que	roch
gn	gne	montagne
	gue-ne	agnus
gu	gue	dogue
	gou	guadeloupe
ph	phe	philosophe

I.er TABLEAU.

a	e	é	è	i	o	u
,,	eu	ai	ai	il	au	eu
,,	œu	er	ei	ie	eau	ue
,,	,,	et	es	y	,,	,,
,,	,,	ez	et	,,	,,	,,
,,	,,	,,	oi	,,	,,	,,

a.

A , a.

Ba ca ça da fa pha ga
gea ha ja ka la ma na
pa qua ra sa ta va xa
za cha gna gua.

A bas , a ba ca , a mas ,
a na nas.

Bah , bac , bal , bas , bât.

Cas , ca ca , ca drat ,
ca mard , ca nard , cap ,
car , ca rat , ca ra cal la ,
car na val , ça va.

a.

Da, da da, da mas, dard,
dar da, drap.

Fa, fal ba las, fard,
fa tras.

Ga, ga ar, ga la, ga rat,
gras.

Ha, ha ras.

Ja, ja lap, jar nac.

La, là - bas, lard.

Ma, ma da gas car, mal,
mar ga jat, mar ma ra,
mat, mât.

a.

N'a, na ta.

Pa pa, paf, pal, pa na ma, par, parc, pas, pa ta tras, plat, pla tras.

Qua drat, quart.

Ra bas, ra bat, ras, ra sa, rat, rata.

Sa, sa bat, sa ra, sas.

Ta, ta bac, tac, tac-tac, tact, tas.

A bra ca da bra.

Bla pra fla tra pla.

a.

A bas , abaca , amas , ananas.
Bah , bac , bal , bas , bât.
Cas , caca , cadrat , camard ,
    canard , cap , car , carat , cara-
    calla , carnaval , ça va.
Da , dada , dard , darda , drap.
Fa , falbalas , fard , fatras.
Ga , gaar , gala , garat , gras.
Ha , haras.
Ja , jalap , jarnac.
La , là - bas , lard.
Ma , Madagascar , mal , margajat ,
    marmara , mat , mât.
N'a , nata.
Papa , paf , pal , panama , par ,
    parc , pas , patatras , plat ,
    platras.
Quadrat , quart.

a.

Rabas, rabat, ras, rasa, rat, rata.

Sa, sabat, sara, sas.

Ta, tabac, tac, tac-tac, tact, tas.

Abracadabra.

Blapraflatrapla.

---
a , e.

E, e.

Be ce de fe phe ge he
je ke le me ne pe que
re se te ve xe ze che
gne gue.

EU, eu.

Beu ceu deu feu geu heu
jeu leu meu neu peu queu
reu seu teu veu xeu zeu
cheu gneu.

---

a , e.

ŒU , œu.

Bœu cœu l'œu.. mœu sœu chœu.

La peur. Le cœur. Le beur re. Ma sœur , ta fleur a de la pâ leur. Je me meurs de cha leur. Le ta pa ge de la ta ble de pa pa. Le mal heur de ce ba te leur. Le ra meur part à neuf

a, e.

heu res. Le cœur de Pa tras. Le chœur d'Ar ras. Je ne mar che pas mal. Je ne me flat te pas. Ne me par le pas de ce la. La va peur de la cha leur. La fa ça de de la pla ce d'Ajax. La fa veur de Sar da na pa le ne me fe ra pas de mal. Ma ca va le. Le che val de Nar bal. Ab dad va à

---

a , e.

Bag dad, à la hal le. Le hâ le. Al te - là.

a , e.

La peur. Le cœur. Le beurre. Ma sœur, ta fleur a de la pâleur. Je me meurs de chaleur. Le tapage de la table de papa. Le malheur de ce bateleur. Le rameur part à neuf heures. Le cœur de Patras. Le chœur d'Arras. Je ne marche pas mal. Je ne me flatte pas. Ne me parle pas de cela. La vapeur de la chaleur. La façade de la place d'Ajax. La faveur de Sardanapale ne me fera pas de mal. Ma canne. Ma cavale. Le cheval de Narbal. Abdad va à Bagdad, à la halle. Le hâle. Alte-là.

---

a, e, é.

É, é.

Bé cé dé fé phé gé hé
jé ké lé mé né pé qué
ré sé té vé xé zé ché
gné gué.

AI, ai, é.

Bai cai çai dai fai phai
geai jai lai mai nai pai
quai rai sai tai vai xai
zai chai gnai guai.

---

a , e , é.

ER, er, é.

Ber cer der fer pher ger
her jer ker ler mer ner
gner ser ter ver xer zer
cher gner guer.

EZ, ez, é.

Bez cez dez fez phez gez
hez jez kez lez mez nez
quez sez tez vez xez zez
chez gnez guez.

a , e é.

É té cé dé dé cé dé ge lé ha le té l'é té pé-né tré cre vé.

J'ai can ne lé ce pa vé. Je ne l'ai pas gra vé. Je ne le gar de rai pas. Je ne l'ai pas a che té. Je l'at tra-pai à ce va cher. Je le re met trai.

Al lez ra mas ser ce ca fé. Pre nez gar de d'é ga rer la clef. Te nez,

a , e , é.

a v a lez ce thé. N'al lez pas fra cas ser la gla ce ; et pre nez gar de à la ca ra fe.

Je vais m'é pa ter , ve nez me re le ver.

J'ai é té à la Ra pée me la ver le nez , je ne te l'ai pas caché.

J'ai mâ ché la dra gée , et je l'ai cra chée.

a , e , é.

La ma rée m'a pré pa ré
à nâ ger.

J'ai re gar dé la mas ca-
ra de de car na val , et la
ca val ca de de La val.

Pa pa a de la bar be.

a , e , é.

Été , cédé , décédé , gelé , haleté , l'été , pénétré , crevé.

J'ai cannelé ce pavé. Je ne l'ai pas gravé. Je ne le garderai pas. Je ne l'ai pas acheté. Je l'attrapai à ce vacher. Je le remettrai.

Allez ramasser ce café. Prenez garde d'égarer la clef. Tenez , avalez ce thé. N'allez pas fracasser la glace ; et prenez garde à la carafe.

Je vais m'épater , venez me relever.

J'ai été à la Rapée me laver

a , e , é.

le nez , je ne te l'ai pas caché.

J'ai mâché la dragée , et je l'ai crachée.

La marée m'a préparé à nâger.

J'ai regardé la mascarade de carnaval , et la cavalcade de Laval.

Papa a de la barbe.

a , e , é , è.

È, è.

Bè cè dè fè phè gè hè
jè lè mè nè pè què rè
sè tè vè xè zè chè gnè
guè.

Ai, è.

Bai cai çai dai fai phai
geai hai jai lai mai nai
pai quai rai sai tai vai
xai zai chai gnai guai.

a , e , é , è.

Ei , è.

Bei cei dei fei phei gei
hei jei kei lei mei nei
pei quei rei sei tei vei
xei zei chei gnei guei.

Es , è.

Ces des les mes ses tes.

---

a , e , é , è.

Et , è.

Bet cet det fet phet get
het jet ket let met net
pet quet ret set tet vet
xet zet chet gnet guet.

Oi , è.

Boi çoi doi foi phoi geoi
hoi joi koi loi moi noi
poi quoi roi soi toi voi
xoi zoi choi gnoi.

---

a , e , é , è.

J'ai é té ex près a che ter des na vets et des pa nets.

J'al lois me bai gner l'é té pas sé.

Je vais à la hal le, car le mar ché est près de s'a che ver.

J'ai ces sé de me le ver tard.

J'ai a va lé le lait du Laid.

a , e , é , è.

Le cher pè re et la chè re mè re é toient at ta chés près le pa lais des Fées ; mais j'ai é té les dé chaî ner.

Je n'ai me pas les œil- lets ; je les cueil lois par pa quets , ce la est vrai ; mais je les je tois à la mè re Ba bet : elle les ra mas soit , et les met toit a près le dais.

Pa pa va fai re des bei gnets.

a , e , é , è.

J'ai été exprès acheter des navets et des panais.

J'allois me baigner l'été passé.

Je vais à la halle , car le marché est près de s'achever.

J'ai cessé de me lever tard.

J'ai avalé le lait du Laid.

Le cher père et la chère mère étoient attachés près le palais des Fées ; mais j'ai été les déchaîner.

Je n'aime pas ces œillets ; je les cueillois par paquets , cela est vrai ; mais je les jetois à la

---

a, e, é, è.

---

mère Babet : elle les ramassoit
et les mettoit après le dais.

Papa va faire des beignets.

a , e , é , è , i.

I, i.

Bi ci di fi phi gi hi
ji ki li mi ni pi qui
ri si ti vi xi zi chi
gni gui.

Y , y , I, i.

By cy dy fy phy gy hy
jy ky ly my ny py quy
ry sy ty vy xy zy chy
gny guy.

a , e , é , è , i.

IE, i e, I, i.

Bie cie die fie phie gie
hie jie kie lie mie nie
pie quie rie sie tie vie
xie zie chie gnie.

IL, il, I, i.

Bil cil dil fil phil gil
hil jil kil lil mil nil
pil quil ril sil til vil
xil zil chil gnil guil.

---

a , e , é, è, i.

Ici , mi mi ? Pe tit fils ? Ah ! le traî tre de mi net qui m'é gra ti gne. Al lez , fi ! Pe tit mi mi, bi bi , ve nez ici , vî te. Ah ! il est pris. Je vais le pla cer près de ce pe tit lit, et il y pas se ra sa vie.

Eh ! le cri cri qui crie. At trap pe - le pa pa , je te prie.

a , e , é , è , i.

Je sais i mi ter les pe ti tes pies. Je ne par le pas mal, n'est-ce pas?

Ah ! que dis-je ? Il n'est pas sa ge de se chi ca ner. J'ai des qua lités ; et je n'ai mê me ja mais ba-var dé..... As sez.

La mer n'est pas près d'i ci , el le est très-lar ge , n'est-il pas vrai ? Ma sœur y a-t-el le é té ? Cer tes !

a , e , é , è , i.

el le a pas sé de Brest à
Phi la del phie a vec sa
pe ti te a mie.

a, e, é, è, i.

Ici, mimi ? Petit fils. Ah !. le traître de minet qui m'égratigne. Al lez, fi ! Petit mimi, bibi, venez ici, vîte. Ah ! il est pris. Je vais le placer près de ce petit lit , et il y passera sa vie.

Eh ! le cri cri qui crie. Attrape-le papa, je te prie.

Je sais imiter les petites pies. Je ne parle pas mal , n'est-ce pas ?

Ah ! que dis-je ? Il n'est pas sage de se chicaner. J'ai des qualités ; et je n'ai même jamais bavardé ..... Assez.

---

a , e , é , è , i.

La mer n'est pas près d'ici ; elle est très-large , n'est-il pas vrai ? Ma sœur y a-t-elle été ? Certes ! elle a passé de Brest à Philadelphie , avec sa petite amie.

a , e , é , è , i , o.

O, o.

Bo co do fo pho go
geo ho jo ko lo mo
no po quo ro so to
vo xo zo cho gno.

A U, au. — O, o.

Bau cau çau ceau dau
fau phau gau geau hau
jau kau lau mau nau
pau rau sau tau vau
xau zau chau gnau.

a , e , é , è , i , o.

EAU, eau. — O, o.

Beau ceau deau feau pheau geau heau jeau keau leau meau neau peau reau seau teau veau xeau zeau cheau gneau.

a, e, é, è, i, o.

Co co ri co.

Do do. Al lez pe tit mar mot ! J'ai bo bo au dos. Jar ni ! Quel jo li ba teau qui est là - bas , près de ce gros vais seau.

Pa pa m'a ré ga lé ; il m'a don né qua tre beaux gâ teaux. Bra vo !

Mes ca ma ra des di sent qu' il y a des aulx qui

---

a , e , é , è , i , o.

---

vien nent de la ter re ,
et d'au tres os qui vien nent
des a ni maux.

Ra mas se ce jo li pe tit
sa bot.

Ah ! que j'ai me les
a bri cots !

Mais re gar de , ma
bonne , cet hom me qui
est là - haut, il va se bri ser
les os. Si j'al lois à lui ?

a, e, é, è, i, o.

je l'a ver ti rois : Oh ! j'y vais. Je lui épar gne rai le mal heur qui le me na ce, car il va se bles ser. Ah ! il est à ter re !

Te nez, bon hom me, pre nez cet te eau.

a , e , é , è , i , o.

Cocorico.

Dodo. Allez petit marmot ! J'ai bobo au dos. Jarni ! quel joli bateau qui est là-bas près de ce gros vaisseau.

Papa m'a régalé ; il m'a donné quatre beaux gâteaux. Bravo !

Mes camarades disent qu'il y a des aulx qui viennent de la terre , et d'autres os qui viennent des animaux.

Ramasse ce joli petit sabot.

'Ah ! que j'aime les abricots.

Mais regarde , ma bonne , cet

a , e , é , è , i , o.

homme qui est là-haut, il va se briser les os. Si j'allois à lui? je l'avertirois : Oh! j'y vais, je lui épargnerai le malheur qui le menace, car il va se blesser. Ah! il est à terre! Tenez, bonhomme, prenez cette eau.

a , e , é , è , i , o , u.

U , u.

Bu   cu   çu   du   fu   phu
gu   hu   ju   ku   lu   mu
nu   pu   qu   ru   su   tu
vu   xu   zu   chu   gnu.

U E , u e.

Bue cue çue due fue phue
gue hue jue kue lue mue
nue pue rue sue tue vue
xue zue chue gnue.

a , e , é , è , i , o , u.

As-tu lu de puis que
ma sœur a é tu dié sa
mu si que ? Je te l'ai
as sez ré pé té ; tu t'a-
mu ses à fai re des cul-
bu tes , plu tôt que de
fai re ce que pa pa te
dit.

J'ai vu hier la lu ne
qui se ca choit der riè re
une gros se nue , et qui

a, e, é, è, i, o, u.

se re pré sen toit a près
à ma vue.

Ah ! je suis re ve nu du
but ; l'eus se tu cru, Tur-
lu tu tu ?

Je vais al ler à une
bel le é cô le, à cô té de
no tre rue ; le maî tre
n'a pas de fé ru le ni de
mar ti net, ni ba guet te,
ni bon net d'âne. Ah ,

_a , e , é , è , i , o , u._

Sei gneur ! que c'é toit bê te.

Ma bon ne a mie m'a pro mis que j'i rois à la co mé die; je suis sû re de m'a mu ser jus qu'au bal, car je n'ai me pas à sau ter, j'ai trop peur de glis ser sur le cul, de puis que je me lais sai al ler du haut des du nes jus qu'au près de la mer.... Ah,

a, e, é, è, i, o, u.

dame ! j'eus u ne fi è re frai ieur , je t'as su re. Nul ne m'y fe roit al ler à cet te heu re , mal gré le beau clair de lu ne qu'il fait.

a, e, é, è, i, o, u.

As-tu lu depuis que ma sœur a étudié sa musique ? Je te l'ai assez répété ; tu t'amuses à faire des culbutes , plutôt que de faire ce que papa te dit.

J'ai vu hier la lune qui se cachoit derrière une grosse nue , et qui se représentoit après à ma vue.

Ah ! je suis revenu du but ; l'eus se tu cru Tur lu tu tu ?

Je vais aller à une belle école , à côté de notre rue ; le maître n'a pas de férule ni de martinet,

---

a , e , é , è , i , o , u.

---

ni baguette , ni bonnet d'âne. Ah, Seigneur! que c'étoit bête.

Ma bonne amie m'a promis que j'irois à la comédie ; je suis sûre de m'amuser jusqu'au bal , car je n'aime pas à sauter, j'ai trop peur de glisser sur le cul , depuis que je me laissai aller du haut des dunes jusqu'au près de la mer........ Ah, dame ! j'eus une fière frayeur, je t'assure. Nul ne m'y feroit aller à cette heure , malgré le beau clair de lune qu'il fait.

IIe. TABLEAU.

eu	ou	oa	ie	èi	oûie
œu	»	oi	ill	eill	ouill

~~~~~~~~~
~~~~~~~~~

a, e, é, è, i, o, u, eu.

E U, eu.

Beu ceu deu feu pheu
geu heu jeu keu leu
meu neu peu queu reu
seu teu veu xeu zeu
cheu gneu gueu.

Œ U, œu, eu.

Bœu nœu vœu.

a, e, é, è, i, o, u, eu.

Le jeu te per dra, je je ne veux plus que tu sor tes d'i ci. Si tu é tois sa ge, mes vœux se roient e xau cés. Que je se rois heu reux si tu é tois plus stu di eux!

Sur mes deux bœufs, mets ces deux œufs, et sur ce bœuf, po se cet œuf.

Il peut al ler à Dreux,

a, e, é, è, i, o, u, eu.

à Evreux à peu de frais.

Les cieux étoient comme du feu.

J'ai les yeux creux. Hé las ! je ne suis plus va leu reux. Je suis peu reux. Ah ! malheureux.

Que tu es hargneux ! Va, pe tit tei gneux. Mais ce la est af freux.

Le che val est très-bel-li queux ; il ai me le bruit

a , e , é , è , i , o , u , eu.

de guer re ; il est fort u ti le à l'hom me ; il est mê me a mi a vec lui.

a , e , é , è , i , o , u , eu.

Le jeu te perdra , je ne veux plus que tu sortes d'ici. Si tu étois sage , mes vœux seroient exaucés. Que je serois heureux si tu étois plus studieux !

Sur mes deux bœufs , mets ces deux œufs ; et sur ce bœuf, pose cet œuf.

Il peut aller à Dreux , à Evreux à peu de frais.

Les cieux étoient comme du feu.

J'ai les yeux creux. Hélas ! je ne suis plus valeureux. Je suis peureux. Ah ! malheureux.

a , e , é , è , i , o , u , eu.

Que tu es hargneux ! Va, petit teigneux. Mais cela est affreux.

Le cheval est très-belliqueux ; il aime le bruit de guerre ; il est fort utile à l'homme ; il est même ami avec lui.

a , e , é , è , i , o , u , eu , ou.

OU, ou.

Bou cou dou fou phou
gou hou jou lou mou
nou pou rou sou tou
vou xou zou chou gnou.

Où veux-tu nous me ner?
A Pa ris, ou à la vil le
d'Eu?

Oh! quel gros loup
garou! Pour le coup, il

a , e , é , è , i , o , u , eu , ou.

est à nous. Si tu veux me l'a me ner, ou le pri er de ve nir ici , je le tue rai avec ce fu sil-ci , ce gueux-là.

Ma bon ne a mie, j'ai mal au cou.

Vous a vez tou jours quel que cho se de nou-veau, pe tit sot. Al lez me cher cher des clous ,

a , e , é , è , i , o , u , eu , ou.

et pre nez gar de au tou tou qui est sous la voû te de l'es ca lier.

Oh ! oui , car ce beau ma tou est aus si sau va ge que le hi bou qui est chez nous.

J'ai me beau coup les choux. Mais je n'ai pas le sou. Vous pour riez m'o bli ger si vous vou liez.

a, e, é, è, i, o, u, eu, ou.

Je ne suis pas si fou, je vous con nois. A di eu, a di eu, je suis tout à vous, pe tit sa pa jou.

a , e , é , è , i , o , u , eu , ou.

Où veux-tu nous mener ? A Paris, ou à la ville d'Eu ? Oh ! quel gros loup garou ! Pour le coup, il est à nous. Si tu veux me l'amener, ou le prier de venir ici, je le tuerai avec ce fusil-ci, ce gueux-là.

Ma bonne amie, j'ai mal au cou.

Vous avez toujours quelque chose de nouveau, petit sot. Allez me chercher des clous, et prenez garde au toutou qui est sous la voûte de l'escalier.

Oh ! oui, car ce beau matou

---

a , e , é , è , i , o , u , eu , ou.

---

est aussi sauvage que le hibou qui est chez nous.

J'aime beaucoup les choux. Mais je n'ai pas le sou. Vous pourriez m'obliger si vous vou- liez.

Je ne suis pas si fou , je vous connois. Adieu , adieu , je suis tout à vous , petit sapajou.

a, e, é, è, i, o, u, eu, ou, oa.

O A , oa.

Boi coi çoi doi foi phoi goi geoi hoi joi loi moi noi poi quoi roi soi toi voi xoi zoi choi gnoi.

Ceux qui nous ai ment nous tra cas sent quel quefois. Sais-tu pour quoi?

Moi?

Ou i, toi.

---

a, e, é, è, i, o, u, eu, ou, oa.

Ma foi, je crois que c'est par ce qu'ils nous ché ris sent de bon ne foi.

Le mois de Fé vri er est très-froid, il me dé plaît. J'ai u sé tout le bois qui é toit à moi. Les a mis que j'a vois me lais sent souf fler sur mes doigts.

E cou tez les oi seaux de ces bois. Ah dieux, quelle

_a, e, é, è, i, o, u, eu, ou, oa._

douce voix ! Je voudrois les a voir tous à moi.

Les Chi nois se bat tent quel que fois a vec les Ja po nois, et le roi boit.

J'ai u ne bel le é cri- toi re d'i voi re, je la ser- re rai tou jours, car no tre se cré tai re a six beaux tiroirs, ah dame ! il faut voir. J'y met trai tou tes

a , e , é , è , i , o , u , eü , ou , oa.

mes pe ti tes af fai res ,
com me é gru geoir , é tei-
gnoir , é mou choir , pli oir ,
mi roir , et cé té ra.

a, e, é, è, i, o, u, eu, ou, oa.

Ceux qui nous aiment nous tracassent quelquefois. Sais - tu pourquoi ?

Moi ?

Oui, toi.

Ma foi, je crois que c'est parce qu'ils nous chérissent de bonne foi.

Le mois de Février est très-froid, il me déplaît. J'ai usé tout le bois qui étoit à moi. Les amis que j'avois me laissent souffler sur mes doigts.

Ecoutez les oiseaux de ces

____

a , e , é , è , i , o , u , eu , ou , oa.

____

bois. Ah dieux , quelle douce voix ! Je voudrois les avoir tous à moi.

. Les Chinois se battent quelquefois avec les Japonois , et le roi boit.

J'ai une belle écritoire d'ivoire, je la serrerai toujours , car notre secrétaire a six beaux tiroirs, ah dame ! il faut voir. J'y mettrai toutes mes petites affaires, comme égrugeoir, éteignoir , émouchoir, plioir , miroir , et cétéra.

---

a , e , é , è , i , o , u , eu , ou ,
oa , îie.

ILL, ill. IIE, îie.

Bill   cill   dill   fill   phill
gill   hill   jill   kill   lill
mill   nill   pill   quill   rill
sill   till   vill   xill   zill
chill   guill.

Veux - tu jou er aux
billes a vec moi.

J'ai trop froid aux doigts,

---

*a , e , é , è , i , o , u , eu , ou , oa ,
îe.*

---

ce la se ra pour u ne au tre
fois. Je pré fè re nous
a mu ser au jeu de quilles ;
je me fi gure que c'est
u ne ba taille où les en-
ne mis de la Ré pu bli que
sau tillent com me ces
vi eux drilles qui mar chent
a vec des bé quilles.

Oh ! que de che nilles
sur cet te char mille ;

*a , e , é , è , i , o , u , eu , ou , oa ,
ïe.*

com me el les four millent!
El les pillent tout ce qui
est i ci.

a, e, é, è, i, o, u, eu, ou, oa,
îe.

Veux - tu jouer aux billes avec moi.

J'ai trop froid aux doigts, cela sera pour une autre fois. Je préfère nous amuser au jeu de quilles ; je me figure que c'est une bataille où les ennemis de la République sautillent comme ces vieux drilles qui marchent avec des béquilles.

Oh ! que de chenilles sur cette charmille ; comme elles four-millent ! elles pillent tout ce qui est ici.

a , e , é , è , i , o , u , eu , ou , oa ,
îie , èïe.

EIL, eil. ÈI, èï.

Beil ceil deil feil pheil geil
heil jeil keil leil meil neil
peil queil reil seil teil veil
xeil zeil cheil queil gneil.

AIL, ail. AIE, aie.

Bail cail dail fail gail jail
mail nail rail sail tail vail
zail.

a , e , é , è , i , o , u , eu , ou , oa ,
îie , èïe.

AILL, aill. AIE, âie.

Baill caill daill maill naill
paill raill saill taill vaill.

OUILL, ouill. OUIE, oûie.

Bouill douill fouill gouill
houill mouill nouill pouill
rouill souill touill zouill.

---

a , e , é , è , i , o , u , eu , ou , oa ,
îie , èïe , oûie.

Quoi ! tu som meilles ? Ré veille-toi ; le so leil est le vé il y a plus de trois heu res. Es-tu ma la de ? Veux-tu ce peu de bouillie ; el le est ex qui se ! Il faut a voir plus de cou ra ge que ce la. Lè ve-toi ; je vais te met tre ce pe tit ca mail , et te por ter sous le por tail , tu t'a mu-

*a , e , é , è , i , o , u , eu , ou , òa ,
îie , èïe , oûie.*

seras beau coup mieux que de res ter là.

Que cet te treille est ver meille ! Mets cet te bou teille sur cet te cor- beille , et va cueill ir des gro seilles , et mé fie-toi de tou tes ces a beilles qui tra vaillent sous ce feuill- a ge , car si tu les ef frai iois ,

---

$a, e, é, è, i, o, u, eu, ou, oa,$
$île, èïe, oûie.$

---

el les te fe roient mau vais ac cueil.

Fouille cet te ter re , tu trou ve ras de la houille.

Dé pouille cet te gre- nouille, et fais-là bouill ir.

Dé rouille cet te baïon- net te jus qu'à la douille.

a, e, é, è, i, o, u, eu, ou, oa,
îie, èïe, oûie.

Quoi ! tu sommeilles ? Réveille-toi ; le soleil est levé il y a plus de trois heures. Es-tu malade ? Veux-tu ce peu de bouillie ; elle est exquise ! Il faut avoir plus de courage que cela. Lève-toi ; je vais te mettre ce petit camail, et te porter sous le portail, tu t'amuseras beaucoup mieux que de rester là.

Que cette treille est vermeille ! Mets cette bouteille sur cette corbeille, et va cueillir des groseilles ; et méfie-toi de toutes ces

*a, e, é, è, i, o, u, eu, ou, oa,
íie , ëie , oûie.*

abeilles qui travaillent sous ce feuillage , car si tu les effrayois, elles te feroient mauvais accueil.

Fouille cette terre, tu trouveras de la houille.

Dépouille cette grenouille et fais-là bouillir.

Dérouille cette baïonnette jusqu'à la douille.

IIIᵉ. TABLEAU.
Voyelles nazales.

am	im	om	um
an	in	on	un
em	aim	,,	eum
en	ain	,,	,,
,,	eim	,,	,,
,,	ein	,,	,,
,,	ym	,,	,,

a , e , é , è , i , o , u , eu , ou , oa ,
îie , èïe , am.

AM , am.

Bam cam dam fam gam
ham jam kam lam mam
nam pam ram sam tam
vam zam cham.

AN, AM. an , am.

Ban can dan fan phan
gan han jan lan man
nan pan quan ran san
tan van xan zan chan
gnan.

a , e , é , è , i , o , u , eu , ou , oa ,
îie , èïe , am.

EM, AM. em, am.

Mem rem sem tem xem zem.

EN, en. AM, am.

Cen den fen gen hen len men nen pen quen ren sen ten ven.

J'ai é té voir pas ser les am bas sa deurs de Hambourg ; ils é toient dans

a, e, é, è, i, o, u, eu, ou, oa,
îie, èïe, am.

le plus brill ant é qui pa ge
qu'il soit pos si ble de
voir ; il sem ble roit vraiment que tous les pe tits
en fans é toient con nus
d'eux ; car ils leur pro di-
guoient mil le ca res ses ,
mil le pré sens char mans ;
et ces jo lis ca dots les
en chan toient tel le ment,
qu'en les quit tant ces

*a, e, é, è, i, o, u, eu, ou, oa,
îie, èïe, am.*

en fans   in té res sans té-
moi gnè rent   beau coup
de re grets ,   et mê me
u ne   sor te   de res senti ment en vers ces bra ves
gens.

---

a, e, é, è, i, o, u, eu, ou, oa,
îe, èïe, am.

J'ai été voir passer les ambassadeurs de Hambourg ; ils étoient dans le plus brillant équipage qu'il soit possible de voir ; il sembleroit vraiment que tous les petits enfans étoient connus d'eux ; car ils leur prodiguoient mille caresses, mille présens charmans ; et ces jolis cadots les enchantoient tellement, qu'en les quittant ces enfans intéressans témoignèrent beaucoup de regrets, et même une sorte de ressentiment envers ces braves gens.

$a, e, é, è, i, o, u, eu, ou, oa,$
$\hat{i}e, \grave{e}\ddot{i}e, am, im.$

IM, im.

Bim cim gim lim sim
thym guim.

IN, IM. in, im.

Bin cin dim fin phin
gin lin min nin pin
quin rin sin tin vin
xin zin chin guin.

a, e, é, è, i, o, u, eu, ou, oa,
îie, èîe, am, im.

AIM , IM. aim , im.

Baim   caim   daim   faim
paim   raim

AIN , IM. ain , im.

Bain   cain   dain   fain
gain   lain   main   nain
pain   quain   rain   sain
tain   vain   xain   tain
vain   xain   zain   chain.

---

a , e , é , è , i , o , u , eu , ou , oa ,
îie , èïe , am , im.

EIM , IM. eim , im.

Rheim.

EIN , ein. IM , im.

Cein   fein   mein   nein
pein   rein   sein   tein.

EN , en. IM , im.

Men.

---

*a , e , é , è , i , o , u , eu , ou , ôa ,
íïe , èïe , am , im.*

YM, ym. IM, im.

Thym.

Il est im pos si ble de de ve nir sa vant en n'é tu di ant pas.

L'in gra ti tu de est le plus vi lain dé faut de tous.

Cher cou sin , j'ai faim.

a , e , é , è , i , o ; u , eu , ou , oa ,
îie , èïe , am , im.

Man ge ta main , et gar de l'au tre pour de main.

Dian tre ! ce la ne vaut ri en. J'ai me rois cent fois mi eux man ger du fo in.

J'ai bi en du tin tou in.

Tu as du cha grin ? eh pourquoi ?

No tre voi sin Saint-

a , e , é , è , i , o , u , eu , ou , oa ,
îie , èïe , am , im.

Mar tin , mar chand de
vin du coin , m'a trai té ,
ce ma tin , de vau ri en ,
et de pe tit co quin.

Oh ! fi , le vi lain !

Il est vrai que je l'ai
ap pe lé vi eux mar sou in ,
grand sa gou in.

Eh bi en ?

Mais a près m'a voir

*a , e , é , è , i , o , u , eu , ou , oa ,
îie , èïe , am , im.*

rincé les reins , il a ju ré
de l'é cri re de main à
ma grand' ma man , qui
est à Rheims.

Ce la est in qui é tant.
Que fai re ? je n'en sais
ri en.

Il faut demander par don
au voi sin Saint-Mar tin ,
il n'y a pas d'au tre moi ien.

a , e , é , è , i , o , u , eu , ou , oa,
îie , èïe , am , im.

Il est impossible de devenir savant en n'étudiant pas.

L'ingratitude est le plus vilain défaut de tous.

Cher cousin , j'ai faim.

Mange ta main , et garde l'autre pour demain.

Diantre ! cela ne vaut rien. J'aimerois cent fois mieux manger du foin.

J'ai bien du tintouin.

Tu as du chagrin ? eh pourquoi ?

Notre voisin Saint - Martin ,

a , e , é , è , i , o , u , eu , ou , oa ,
îie , èïe , am , im.

marchand de vin du coin , m'a traité , ce matin , de vaurien et de petit coquin.

Oh ! fi , le vilain !

Il est vrai que je l'ai appelé vieux marsouin , grand sagouin.

Eh bien ?

Mais après m'avoir rincé les reins, il a juré de l'écrire demain à ma grand' maman , qui est à Rheims.

Cela est inquiétant. Que faire ? Je n'en sais rien.

*a , e , é , è , i , o , u , eu , ou , oa ,
îie , èïe , am , im.*

Il faut demander pardon au voisin Saint-Martin , il n'y a pas d'autre moyen.

*a , e , é , è , i , o , u , eu , ou , oa ,
îie , èïe , am , im , om.*

O M , om.

Bom com dom gom hom
jom kom lom nom pom
rom som tom chom.

ON , OM. on , om.

Bon con don fon phon
gon hon jon kon lon
mon non pon qu'on ron
son ton von xon zon
chon gnon.

---

a , e , é , è , i , o , u , eu , ou , oa ,
îie , èïe , am , im , om.

La mai son de mon
on cle est bi en gran de.

El le est con si dé ra ble !
Et son jar din donc, com me
on s'y a mu se !

Ah oui ! je m'en sou-
vi ens. Il y a des al lées
su per bes , de grands
till euls , où l'on trou ve
des nids de pin sons.

*a , e , é , è , i , o , u , eu , ou , oa ,
îie , èïe , am , im , om.*

Si nous y é ti ons, nous en dé ni che ri ons, et les por te ri ons à nos com- pa gnons, dans ce pe tit cor bill on.

Et ce beau bas sin plein de pois sons! Te rap pel les- tu com me nous en pê- chi ons, avec nos lon gues li gnes à six ha me çons? Bon, bon! près ce haut

*a, e, é, è, i, o, u, eu, ou, oa,
îie, èïe, am, om.*

chè vre-feuille, n'est-ce pas?

Tout jus te ! en fa ce de ce quin con ce bor dé de fleurs de tou tes les sai sons.

Oui vrai ment je m'en sou vi ens. A pro pos, on m'a dit que tu t'y é tois lais sé tom ber, en cou rant l'an pas sé, vers le temps des ven dan ges.

Hé las ! oui. Je m'é ta lai

---

*a , e , é , è , i , o , u , eu , ou , oa ,
îie , ëie , am , im , om.*

---

de tout mon long , en pour-
sui vant des pe tits gar çons
a vec mon bâ ton.

Tu au rois dû te ser vir
de ta fron de que tu ma nies
si bien ; tu au rois at teint
ces po lis sons de loin ,
sans t'ex po ser à ri en.

Je vais te ra con ter
com ment la cho se ar ri va.
Je cueill ois du thym et

a , e , é , è , i , o , u , eu , ou , oa ,
îie , èïe , am , im , om.

du ro ma rin tran quil le—
ment , ne son geant point
à ces ma lins va ga bonds ,
qui vin rent à moi dans
l'in ten tion de me pe lo ter
sur le ga zon. Dame ! je
n'en ten dois pas rai son ,
et n'ai iant que mon bâ ton
à la main , je me mis en
train de leur mon trer leur
che min. J'é tois pres sé

a, e, é, è, i, o, u, eu, ou, oa,
îie, èïe, am, im, om.

dans un fond , com me un
mo ri bond , seul , sans
té moin. Quand on n'a
pas le temps de faire son
e xa men , on se trom pe
et l'on ne fait ri en de
bi en.

a, e, é, è, i, o, u, eu, ou, oa,
îie, èïe, am, im, om.

La maison de mon oncle est bien grande.

Elle est considérable ! Et son jardin donc, comme on s'y amuse !

Ah ! oui. Je m'en souviens. Il y a des allées superbes, de grands tilleuls, où l'on trouve des nids de pinsons.

Si nous y étions, nous en dénicherions, et les porterions à nos compagnons, dans ce petit corbillon.

Et ce beau bassin plein de

a, e, é, è, i, o, u, eu, ou, oa,
îie, èïe, am, im, om.

poissons ! Te rappelles-tu comme nous en pêchions avec nos longues lignes à six hameçons.

Bon, bon ! près ce haut chèvre-feuille , n'est-ce pas ?

Tout juste ! en face de ce quin-conce bordé de fleurs de toutes les saisons.

Oui vraiment je m'en souviens. A propos, on m'a dit que tu t'y. étois laissé tomber , en cou-rant l'an passé, vers le temps des vendanges.

Hélas ! oui. Je m'étalai de tout

a, e, é, è, i, o, u, eu, ou, oa
íie, èïe, am, im, om.

---

mon long, en poursuivant de
petits garçons avec mon bâton.

Tu aurois dû te servir de t
fronde, que tu manies si bien
tu aurois atteint ces polissons d
loin, sans t'exposer à rien.

Je vais te raconter commer
la chose arriva. Je cueillois d
thym et du romarin tranquille
ment, ne songeant point à ce
malins vagabonds, qui vinrent
moi dans l'intention de me pelot
sur le gazon. Dame ! je n'enter
dois pas raison, et n'ayant qu

---

*a, e, é, è, i, o, u, eu, ou, oa,
îie, èïe, am, im, om.*

---

mon bâton à la main , je me mis
en train de leur montrer leur
chemin. J'étois pressé dans un
fond , comme un moribond , seul ,
sans témoin. Quand on n'a pas
le temps de faire son examen ,
on se trompe , et l'on ne fait
rien de bien.

---

a, e, é, è, i, o, u, eu, ou, oa,
îie, èïe, am, im, om.

UM, um.

Fum hum.

UN, UM. un, um.

Bun cun dun fun hun
lum mun num qu'un run.

EUN, UM. eun, um.

Jeun.

a , e , é , è , i , o , u , eu , ou , oa,
îie , èïe , am , im , om.

Un im por tun de Me lun fut un jour à jeun à Au tun, par un temps brun, chez un Tri bun, nom mé Le-brun. On le re çut tel que tel ; a près a voir goû té des plai sirs de la ta ble, on l'en fi la au tren te-et-un, jeu très-com mun, qui fait le mal heur de cha cun. De pro fit, il n'en eut

---

a , e , é , è , i , o , u , eu , ou , oa ,
îie , èïe , am , im , om.

---

au cun , si ce n'est qu'il
re çut un avis de quel-
qu'un , qui lui con seill a
de s'en re tour ner à Me lun.

IVe. TABLEAU.

Sons peu usités.

a	e	é	è	o	ou	an	on
em	ai	æ	ë	ao	aou	aon	aon
en	″	œ	″	″	″	aen	″
ao	″	et	″	″	″	ean	″
″	″	ed	″	″	″	″	″

A , a.

Les fem mes ai ment qu'on leur par le dé cem- ,ment : c'est a gir pru- dem ment.

Les ma gis trats vont fré quem ment aux fê tes so len nel les, con sé quem- ment la so len nité de vi ent plus pré ci eu se aux yeux de tous les as sis tans.

Le paon neau est un

jeu ne a ni mal pro duit par u ne pa one.

E, e.

Je fai sois ma pri è re on ne peut plus ar dem-ment.

É, é.

J'ai trou vé ma clef au pi ed du ta bou ret.

Æ mon é toit roi de Thes sa lie.

Œ di pe l'é toit de Thè bes.

È , è.

Il fait com mu né ment froid le jour de No ël.

Un po ë me est l'ou- vra ge d'un po ë te.

Les Is ra ë li tes é toient soumis à Is ra ël.

O , o.

La Sao ne est u ne ri- vi è re con sé quen te.

Ao ris te est le nom d'un ter me de gram mai re; c'est un mot tech ni que.

OU, ou.

Le mois d'août est quel que fois ex ces si ve-ment chaud.

AN, an.

En al lant de Caen à Laon, dans le temps de la Saint-Jean, j'ai vu un paon ex trê me ment brill-ant à côté d'un faon bon-dis sant près de sa ma man Bi che et de son pa pa Che vreuil.

ON , on.

On nous ra con te sans hon te , que Saint-Laon fut pi qué par un taon en man geant du thon.

A , a.

Les femmes aiment qu'on leur parle décemment : c'est agir prudemment.

Les magistrats vont fréquemment aux fêtes solennelles, conséquemment la solennité devient plus précieuse aux yeux de tous les assistans.

Le Paonneau est un jeune animal produit par une Paone.

E , e.

Je faisois ma prière on ne peut plus ardemment.

É , é.

J'ai trouvé ma clef au pied du tabouret.

Æmon étoit roi de Thessalie.

Œdipe l'étoit de Thèbes.

È, è.

Il fait communément froid le jour de Noël.

Un poëme est l'ouvrage d'un poëte.

Les Israélites étoient soumis à Israël.

O, o.

La Saone est une rivière conséquente.

Aoriste est le nom d'un terme de grammaire ; c'est un mot technique.

OU, ou.

Le mois d'Août est quelquefois excessivement chaud.

AN, an.

En allant de Caen à Laon, dans le temps de la Saint-Jean, j'ai vu un Paon extrêmement brillant, à côté d'un Faon bondissant près de sa maman Biche et de son papa Chevreuil.

ON, on.

On nous raconte sans honte que Saint-Laon fut piqué par un Taon, en mangeant du Thon.

PRIÈRES.

Au nom du Père, du Fils et du Saint-Esprit. Ainsi soit-il.

Notre Père, qui êtes aux Cieux, que votre nom soit sanctifié, que votre règne arrive, que votre volonté soit faite en la terre comme au ciel; donnez-nous aujourd'hui notre pain quotidien, et nous pardonnez nos offenses, comme nous les pardonnons à ceux qui nous ont offensés; et ne nous laissez point succomber à la tentation, mais délivrez-nous du mal. Ainsi soit-il.

Je vous salue, Marie, pleine de grâce: le Seigneur est avec vous; vous êtes bénie entre toutes les femmes, et Jésus, le fruit de vos entrailles, est béni. Sainte Marie, mère de Dieu, priez

PRIÈRES.

Au nom du Père, du Fils et du Saint-Esprit. Ainsi soit-il.

Notre Père, qui êtes aux Cieux, que votre nom soit sanctifié, que votre règne arrive, que votre volonté soit faite en la terre comme au ciel ; donnez-nous aujourd'hui notre pain quotidien, et nous pardonnez nos offenses comme nous les pardonnons à ceux qui nous ont offensés : et ne nous laissez point succomber à la tentation, mais délivrez-nous du mal. Ainsi soit-il.

Je vous salue, Marie, pleine de grace : le Seigneur est avec vous ; vous êtes bénie entre toutes les femmes, et Jesus, le fruit de vos entrailles, est béni. Sainte Marie, mère de Dieu, priez pour nous pauvres pécheurs, maintenant et à l'heure de notre mort. Ainsi soit-il.

Je crois en Dieu, le Père tout-puissant, créateur du ciel et de la terre, et en Jésus-Christ son fils unique, notre Seigneur, qui a été conçu du Saint-Esprit, qui est né de la Vierge Marie, qui a souffert sous Ponce Pilate, qui a été crucifié, qui est mort, et qui a été enseveli; qui est descendu aux enfers, et le troisième jour est ressuscité des morts; qui est monté aux cieux, qui est assis à la droite de Dieu le Père tout-puissant, et qui de-là viendra juger les vivans et les morts. Je crois au Saint-Esprit, la sainte église catholique, la communion des saints, la rémission des péchés, la résurrection de la chair, la vie éternelle. Ainsi soit-il.

Je me confesse à Dieu tout-puissant, à la bien-heureuse Marie toujours vierge, à Saint Michel-Archange, à Saint

Jean-Baptiste, aux saints Apôtres Pierre et Paul, à tous les Saints, et à vous, mon père, de tous les péchés que j'ai commis, en pensées, paroles et actions, par ma faute, par ma propre faute, par ma très-grande faute; c'est pourquoi je prie la bien-heureuse Marie, toujours vierge, Saint Michel-Archange, Saint Jean-Baptiste, les saints Apôtres Pierre et Paul, tous les Saints, et vous, mon père, de prier pour moi le Seigneur notre Dieu.

Que le Dieu tout-puissant nous fasse miséricorde, qu'il nous pardonne nos péchés, et nous conduise à la vie éternelle. Ainsi soit-il.

Au nom du Père, du Fils, et du Saint-Esprit. Ainsi soit-il.

PENSÉES MORALES.

Dieu étant ton créateur et ton maître, tu ne dois adorer que lui.

Sois reconnoissant envers ton père, car il t'a donné la vie; sois-le pour ta mère, car elle t'a porté dans son sein.

Ecoute les paroles qui sortent de leur bouche, car ils parlent pour ton bien; écoute leurs conseils, ils sont dictés par la tendresse.

Quand ton père et ta mère seront devenus vieux, s'ils ont besoin de secours, pense à ceux que tu auras reçu d'eux.

Vole au secours de l'opprimé.

Ne vas pas avec celui qui fait du mal à son prochain.

Ne te lie pas avec ceux qui ont l'ame basse et rampante.

Réponds avec douceur à ton ennemi.

Sois affable à tes amis.

Respecte l'innocence et la simplicité.

Aime ton prochain comme toi-même.

N'abuse point de la confiance de personne.

Ne sois jamais calomniateur public, ni médisant secret.

N'emprunte que rarement, et sois fidèle à tes engagemens.

Lorsqu'un homme aura travaillé pour toi, paye-lui aussi-tôt ce qui lui est dû pour son travail.

Prends garde de faire jamais à un autre ce que tu serois fâché qu'on te fît.

Demande toujours conseil à un homme sage.

Sois charitable autant que tu le pourras.

Sois toujours soumis aux lois de ton pays.

Si tu te trouves exposé à mal faire, rappele-toi que tu es Français.

FABLES.

Le Loup et l'Agneau.

Le Loup et l'Agneau se désaltéroient dans le courant d'un ruisseau; le premier fort près de sa source, l'autre fort au-dessous. Le Loup qui ne cherchoit qu'un prétexte pour mettre l'Agneau en pièces, ne l'eut pas plutôt apperçu, qu'il courut à lui, et l'accusa d'avoir troublé son eau. Comment pourrois-je la troubler, lui dit l'Agneau tout tremblant? Je bois si loin de l'endroit où vous buvez; croyez que bien loin de chercher à vous nuire, je n'en ai seulement pas la pensée. Hier, répliqua le Loup, je vis ton père qui animoit par ses cris des chiens qui me poursuivoient.

Il y a plus d'un mois, répondit l'Agneau, que mon père a senti le couteau du boucher. C'étoit donc ta mère, répliqua le cruel? Ma mère, reprit l'autre, mourut ces jours passés, en me mettant au monde. Morte ou non, reprit le Loup, en grinçant les dents, je sais combien tu me hais, toi et les tiens ; il faut que je me venge. Cela dit, il se lance sur l'Agneau, l'étrangle et le mange.

Le Laboureur et la Couleuvre.

Un Laboureur trouva dans la neige une couleuvre transie de froid et demi-morte, il en eut pitié, la prit et l'emporta dans sa cabane, où après avoir allumé un grand feu, il la réchauffa si bien, et en prit tant de soin, que peu-à-peu, elle reprit ses forces : mais le premier usage qu'elle en fit, fut de s'élever contre son bienfaiteur, et de se lancer sur lui pour le piquer. Méchante bête ! lui dit le Laboureur, surpris de son ingratitude, est--ce ainsi que tu reconnois le bien que je viens de te faire ? Après que je t'ai sauvé la vie, tu cherches, ingrate, à me l'ôter ? Cela dit, il prit une hache et la tua.

L'Ane et le petit Chien.

Un homme caressoit un petit chien en présence de son âne ; celui-ci envioit le bonheur du premier. Que fait ce chien, disoit-il en lui-même, pour mériter les caresses de son maître ? Quelquefois il lui donne la patte. Hé bien, morbleu, s'il ne tient qu'à cela pour s'en faire aimer, je serai bientôt tout aussi heureux que ce chétif animal. Cela dit, il se lève sur ses pieds de derrière, et présente lourdement ceux de devant à son maître : celui-ci fort surpris, rebuta des caresses aussi grossières, et appela ses valets, qui accoururent, et payèrent à grands coups de bâton la civilité du baudet.

F I N.